Nordkap
und zurück

Andreas Runge

Nordkap und zurück

Mit dem Postschiff von Bergen nach Kirkenes

Verlag Andreas Runge

Originalausgabe
ISBN 3-9807041-4-9

Umschlaggestaltung: Andreas Runge

Druck: Libri Books on Demand
Printed in Germany

Inhalt

Für Claudia, Ruth und Helmut

Bergen, eine Hafenstadt die Sie gesehen haben sollten.
Bergen steht als Endstation für viele Linien. Zum Beispiel Fluglinien, die Hurtigrute, die Eisenbahn aus St. Petersburg, Stockholm und Oslo sowie die Bergenbahn, die Sie durch grüne Wälder und Täler sowie schroffe, rauhe Felslandschaften von Oslo nach Bergen bringt.
Am ersten Tag haben Sie die Möglichkeit, Bergen kennenzulernen.
Bergen beherbergt auf einer Fläche

von ca. 465 km^2 ungefähr 214.500 Einwohner, und das Stadtzentrum liegt zwischen 7 Bergen. Die bekanntesten sind der Fløien und Ulriken. Gegründet wurde die Stadt 1070 von König Olav Kyrre. Nachdem viele kleine Stadtbrände und der große Brand von 1916 viele der prächtigen Gebäude vernichteten, wurde das Zentrum wieder neu aufgebaut.

Etwas außerhalb der Stadt können Sie in dem Museumsdorf Gamle Bergen einige der alten Häuser besichtigen.
Den kulturellen Höhepunkt bilden in Bergen von Ende Mai bis Anfang Juni die internationalen Festspiele.
Verpassen sollten Sie auch auf keinen Fall Troldhaugen, wo das Haus von Edvard Grieg, südlich des Stadtzentrums steht.
Mit den ersten Eindrücken des Tages begeben Sie sich an Bord, und dann heißt es am Abend "Leinen Los". In Richtung Westen passieren Sie die Askøy Brücke, sie ist eine der längsten Brücken Norwegens.
Askøy hat heute ca. 18.000 Einwohner und liegt gegenüber der Inselgruppe Øygarden.
Rechtzeitig zur guten Nacht fahren Sie am Leuchtturm Hellesøy fyr vorbei.

Heute führt die Strecke, nachdem Sie das offene Meer überquert haben, durch eines der norwegischen Inselreiche. Das nächste Ziel ist Måløy, einer der größten Fischereihäfen in Norwegen.
1.224 m Länge und 44 m Höhe mißt die Måløybrücke, die die Insel Måløy mit dem Festland verbindet.
Das Westkap - eine Felsformation, die weit in den Atlantischen Ozean hineinreicht.

Für viele Seefahrer bedeutete die langgezogene Halbinsel eine Gefahr. Denn hier waren sie schutzlos dem offenen Meer ausgesetzt. Etwas weiter südlich der Westspitze entdecken Sie eine kleine Kapelle. Hier strandete am 30. September 1943 das Hurtigrutenschiff St. Svithun. Für die Schiffe von heute ist die Fahrt gefahrlos und dauert nur knapp zwei Stunden. Interessante Felsformationen und kleinere Siedlungen begleiten Sie von jetzt ab, bis Sie am Nachmittag Ålesund erreichen. Zuvor jedoch legt das Schiff für kurze Zeit in Torvik an. Ålesund hat ca. 35.000 liebevolle Einwohner und lebt zum größten Teil vom Meer. Denn von hier aus startet die Fischereiflotte von Grönland bis zur Barentssee und

bedient die Fischindustrie. Ålesund ist aber auch die Hauptstadt von Sunnmøre. Teile der Stadt wurden bei einem Brand Anfang 1900 zerstört. Heute besticht Ålesund durch

seinen Jugendstil-Charakter. Um die Stadt von oben zu betrachten und weit ins Land hineinschauen zu können, müssen Sie unbedingt den Berg Aksla besteigen. 418 Stufen führen vom Stadtzentrum hinauf auf den Gipfel.

Unterwegs kommen Sie an dem Denkmal von Rollo, dem Wikinger, vorbei. Oben angekommen, sehen Sie von hieraus unzählige Inseln, die seit tausenden von Jahren besiedelt sind.

Das Schiff bringt Sie jetzt weiter Richtung Norden vorbei an Giske, Brattvåg und Midsund in das herliche Romsdalen, wo Sie im Zentrum von Molde anlegen. Über der Stadt, die an einem Südhang liegt, befindet sich der Aussichtspunkt Varden.
Von hieraus haben Sie einen wünderschönen Blick über den Fjord. Das Landesinnere ist Dank seiner Berge

ein wahrer Schatz für Bergsteiger und Angler. Hier in Molde gibt es noch Linden, Eschen, Kastanien und andere Bäume, denn in Molde befindet sich die nördliche Baumgrenze für diese Arten. Die Route führt Sie weiter durch den Julsundet vorbei an der Insel Gossen. Auf der Höhe des Leuchtturms Kvitholmen fyr im Westen, sehen Sie im Osten die Atlantikstraße, die über acht Brücken und mehrere Inseln weit ins offene Meer führt. Der nächste Zielhafen ist Kristiansund, den Sie in der Nacht erreichen werden.

Wenn Sie dann am dritten Tag aufwachen, sind Sie bereits in der ersten Hauptstadt Norwegens, Trondheim. Trondheim hat ca. 144.000 Einwohner und eine Fläche von 342 km^2 und dominiert durch seine überwiegende Holz-Architektur. Eine außergewöhnliche Sehenswürdigkeit ist das musikgeschichtliche Museum in Ringve. Aber auch die Hafengebäude am Nidelva und die Stadtbrücke sollten Sie nicht vergessen. Eines der

größten nationalen Kulturdenkmäler ist der Nidaros-Dom, ein Zeichen gotischer Baukunst in Nordeuropa. Zum Verweilen laden auch der Stiftsgården und das Freilichtmuse-

um Trøndelag ein. Beim Aufbruch in Richtung Westen werfen Sie noch einen Blick auf den majestätischen Trondheimfjord, bevor Sie entlang der Küste nach Rørvik schippern. Weiter nördlich der Insel Kjeungs-kjær, mit ihrem schönen Leuchtturm, können Sie in Richtung Westen eine Vielzahl an kleinen Inseln sehen, die umringt sind von hervorragenden Fischgründen.
Am Nachmittag läuft das Schiff in den Hafen von Stokksund ein. Wenn Sie jetzt nach draußen gehen, werden Sie verstehen, wie wichtig es ist, eine genaue Seekarte dabei zu haben und Fingerspitzengefühl für die Navigation eines Schiffes. Nachdem diese Enge überwunden ist, geht es geradewegs hinaus auf das offene Folda-Meer. 2 1/2 Stunden dauert die Fahrt bis zu dem großen Inselreich Vikna. Die Hauptstadt des Inselreiches mit

ca. 6.000 Holmen, Schären und Inseln, auf denen unzählige Vogelkolonien zu Hause sind, ist Rørvik, unser Zielhafen. In Rørvik merken Sie, daß es langsam nördlicher wird und die Ortschaften kleiner werden. Hier in Rørvik leben ca. 2.500 Menschen. Dies ist auch ein Zeichen dafür, daß je weiter Sie nach Norden kommen, die Besiedelung dünner wird. Rørvik besteht aus einem Hafen, einigen Häusern, einer Schule, Tankstelle, Kirche und vielen Inseln.

Hestmannøy (568 m.ü.d.M.) ist der versteinerte Reiter, der einen Pfeil auf Lekamøya abschoß und damit den Hut des Trolles durchbohrte. Da die Liebe des Hestmannen so groß war, vergaß er den Sonnenaufgang und wurde deshalb zu Stein. Die Wahrheit der Geschichte beweist sich darin, das Sie im Hut des Trolles (dem Berg Torghatten) ein Loch sehen können. An dieser Stelle haben wir bereits den Polarkreis passiert,

die Grenze zum Land der Mitternachtssonne. Der 444 Meter hohe Gipfel des Rødøyløva ist ein Wahrzeichen für Nordnorwegen und ebenso sagenumwogen wie die ägyptischen Pyramiden. Etwas weiter im Osten können Sie bei klarem Wetter das blitzende Eis des Svartisen Gletschers sehen. Er ist der zweitgrößte Gletscher Norwegens. Vorbei an Grønøy, der grünen und fruchtbaren Insel im Norden, kommen Sie zu

dem Badeort Ørnes, Ihre nächste Anlegestelle. Ørnes ist ein Zentrum lokaler Bootslinien mit ca. 7.300 Einwohnern in der Gemeinde.
Nach einem kurzen Stopp ist Bodø ihr nächster Zielhafen. Doch bevor Sie in Bodø einlaufen, sehen Sie südlich von Bodø den 50 km langen Saltfjorden. Hier im Fjord befindet sich ein Sund mit dem berühmten Saltstraumen. Der Saltstraumen ist eine Gezeitenströmung und gilt als stärkster Mahlstrom der Welt. Durch die 150 Meter schmale und 3 km lange Meerenge bekommt das Wasser eine Geschwindigkeit von bis zu 20 Knoten, und das viermal am Tag. Bodø ist mit seinen ca. 39.000 Einwohnern und weit über 1.000 Studenten das Verwaltungszentrum für die Provinz Nordland. Ein Stadtrundgang beschränkt sich auf die Fußgängerzone, denn schön ist Bodø eigentlich nicht.

Sehenswert ist der Dom von Bodø, das Nordlandmuseum sowie das nationale Flugzeugmuseum und die Aussicht vom Rønvikfjellet, 3 km außer-

halb der Stadt. Auf dem Weg von Bodø nach Stamsund sehen Sie im Westen die sagenumwobene Lofotwand, eine Inselkette mitten im offe-

nen Meer mit unzähligen bizzarren Gipfeln. Westlich Ihrer Route liegt die Insel Landegode mit ihrem Leuchtturm. Der Vestfjord, den Sie gerade befahren, erstreckt sich vom Leuchtturm Skomvær im Süden bis nach Narvik im Nordosten. In der Mitte der Lofoten auf der Insel Vestvågøy liegt Stamsund. Weiter südlich liegen Flakstadøya und Moskenesøya und weiter nordöstlich schließt mit Austvågøy die Insel an, auf der die Hauptstadt der Lofoten, Svolvær, liegt. Trotz der 1.300

Einwohner von Stamsund, mit denen es zu den größten Ortschaften der Inselgruppe zählt, ist Stamsund kaum mehr als ein Anleger mit Lagerhallen und einigen Fischerhäusern. Beim Verlassen von Stamsund sollten Sie auf jeden Fall noch einen Blick auf die atemberaubende Lofotwand werfen. Etwas weiter in Richtung Nordosten liegt im Westen Henningsvær. Mitten im Meer auf kleinen Inseln liegend, taucht dieses auf natürliche Weise entstandene Fischerdorf auf.

Bei guter Sicht können Sie in der

Ferne jetzt bereits die Hörner der Svolværgeita sehen. Und zu ihren Füßen liegt Svolvær, die unbestrittene Hauptstadt der Lofoten. Svolvær ist das Verwaltungszentrum der Lofoten und mit ca. 4.000 Einwohnern die größte Stadt der Inselgruppe. Die Lebensgrundlage der Stadt bildete früher der von Januar bis April dauernde weltweit umfangreichste Kabeljaufang. Heute lebt die Stadt von Fischfang und -verarbeitung sowie der Schiffahrt.

Wenn Sie heute morgen aufstehen, befinden Sie sich bereits in Harstad. Erst 1903 wurde Harstad zur Stadt. Heute zählt Harstad mit seinen 22.400 Einwohnern zu den großen Städten in Nordnorwegen. Diesen rapiden Bevölkerungszuwachs verdankt Harstad den guten Heringsfängen Ende des 19. Jahrhunderts. Ergänzt wird der Meeresreichtum durch Produkte aus den Landwirtschaftsgebieten im Westen und Norden. Die jährlich stattfindenden Festspiele und das Kulturhaus bilden das Zentrum für kulturelle Aktivitäten. Sie sollten sich bei Ihrem, wenn auch kurzen Aufenthalt in Harstad unbedingt die Kirche von Harstad, die Kirche von Trondenes und die Adolfkanone ansehen, die auf einer Anhöhe hinter der Kirche noch gut erhalten steht.

Von hier aus geht die Reise weiter

nach Finnsnes. Vorbei an Bjarkøy im Westen, dem uralten Fürstensitz des Bjarkøy-Geschlechts, das durch eine Sage von Snorre berühmt wurde. Im Osten liegt Dyrøy. Die Insel ist erst

seit ein paar Jahren über eine Brücke mit dem Festland verbunden. Auch die Gisundbrücke, die das Festland mit der Insel Senja verbindet, können Sie nicht übersehen. Finnsnes bezeichnet sich selbst als die Pforte zur Perle. Die Bezeichnung Pforte steht für den Ort, der an der Brücke zur Insel Senja liegt. Und Perle, weil die Insel Senja eine Entdeckung wert ist.

Wenn Sie Finnsnes mit seinen ca. 5.000 Einwohnern wieder verlassen, passieren Sie weiter nördlich den

alten Handelsplatz Gibostad und die Kirche Lenvik. Danach kommen Sie zum Malangsfjord, wo sich vor ungefähr 1.000 Jahren die Nordgrenze von Norwegen befunden haben soll. Im Norden erscheint Kvaløya und die Fahrrinne wird immer schmaler. Kurz vor Ryøya befahren Sie den schnellsten Gezeitenstrom während der gesamten Reise. Der Rystraumen hat eine Geschwindigkeit von bis zu 6 Knoten in der Stunde. Vor Ihnen liegt jetzt das Tor zum Eismeer: Tromsø, die Hauptstadt der Nordkalotte, das Tor zur Arktis, das Paris des Nordens, eine eindrucksvolle Stadt mit vielen Namen. Hier in Tromsø ist alles das nördlichste der Welt. Mit seinen ca. 55.000 Einwohnern ist Tromsø nicht nur die größte Stadt Nordnorwegens, sondern auch die letzte Großstadt vor dem Nordpol. Die Studenten der nördlichsten

Universität der Welt hauchen Tromsø so richtiges Kneipenleben ein. 1969 wurde bei einem Großbrand ein

großer Teil der alten Holzhäuser zerstört. Im Volksmund heißt sie "Tromsdalen kirke", die Eismeerkathedrale. Um einen guten Überblick über Tromsø zu bekommen, sollten Sie mit der Seilbahn bequem hinauf auf den Berg Stortsteinen, der 420 m über Tromsø liegt, fahren. Wenn Sie nach Ihrem Ausflug in luftige Höhen noch Zeit haben, sollten Sie auf jeden

Fall noch das Nordlichtplanetarium besuchen, sowie das Polarmuseum und den Kunstverein Tromsø.

Passen Sie aber auf, daß Sie rechtzeitig zu Ihrem Schiff zurückkommen.

Im Schutz der großen Inseln Ringvassøy, Reinøy, Vanna und Arnøy fahren Sie nördlich nach Skjervøy, Øksfjord und Hammerfest.

Heute werden Sie die nördlichste Spitze Europas, das Nordkap kennenlernen. Zunächst machen Sie aber erst einen Stop in Havøysund, dem Zentrum eines großen Inselreiches. Über die Bucht Revsbotn geht es geradewegs an die nordwestliche Spitze der Porsanger-Halbinsel nach Havøysund.

Der Hafen dieses Fischerdorfes mit ca. 1.500 Einwohnern liegt direkt am Schiffahrtsweg. Das Meer bietet hier nicht nur Fisch, sondern auch riesige Erdgasvorkommen und vielleicht sogar Erdöl. Doch jetzt konzentrieren Sie sich ersteinmal auf das, was vor ihnen liegt, Magerøya mit dem Nordkap. Nördlich Ihrer Fahrt-

route liegt Måsøy, ein uralter Kirchenplatz, und nordöstlich von Gjesvær gibt es ca. 360.000 Papageitaucherpaare, verteilt auf drei kleine Inseln. Weiter führt Sie der Schiffahrtsweg durch den Magerøysund zwischen Magerøy und dem Festland. Diese viel befahrene Strecke führt von und nach Rußland sowie der Barentssee.

Honningsvåg, die Hauptstadt des Nordkaps, läßt viele Herzen höher schlagen. Näher kommen Sie mit dem

Postschiff nicht an den nördlichsten Punkt Europas. Den Rest der Strecke müssen Sie per Bus über die Insel Magerøya zurücklegen.
Daß das Nordkap nicht der nördlichste Punkt Europas ist, sondern das benachbarte Kap Knivskjellodden, stört die meisten nicht.
Der italienische Forschungsreisende Pietro Negri schrieb 1664 angesichts des Norkaps: »Hier stehe ich am Nordkap, an der äußersten Spitze Finnmarks, am Ende der Welt. Hier, wo die Welt endet, endet auch meine Neugier, und ich wende mich zufrieden nach Hause«. Die Neugier um das Nordkap kennt keine Grenzen, und daran hat sich auch bis heute nichts geändert.
Sie jedoch fahren weiter in Richtung Osten, nach Kjøllefjord. Vorbei am Sværholtklubben, einen der größten Vogelfelsen der Welt, sehen Sie im

Süden den Laksefjord. Mit seinen 80 km Länge und 22 km Breite bildet er die Grenze zu der großen Halbinsel Nordkinn. Tiefe Einschnitte weit in

das Land hinein begleiten Sie, wenn Sie mit Blick auf eine der schönsten Felsformationen des Landes den Hafen von Kjøllefjord anlaufen. Hier gibt es große unbewohnte Gebiete und Landwirtschaftsflächen.

Und hier liegt auch die nördlichste Spitze des europäischen Festlandes, am Kinnarodden. Mit der Tatsache, daß hier auf Kjøllefjord ca. 15.000 Rentiere auf ca. 1.650 Einwohner kommen, fahren Sie an dem Vogelfelsen Smørbringa vorbei, um nach Mehamn zu gelangen. Hier in Mehamn

verfügt das Mehamn-Hotel über das nördlichste Hotelzimmer des europäischen Festlandes. Im Osten sehen Sie beim Auslaufen auf dem Berg Bispen, den Bischof, der auf der Kanzel steht. Noch ein Stück weiter im Osten blinkt Sletnes fyr, der nördlichste Leuchtturm des europäischen Festlandes.
Ihre nächtliche Fahrt führt Sie jetzt über das Meer Austhavet, und wenn Sie morgen früh aufwachen, sind Sie in Vadsø.

Vadsø lag anfänglich auf der Vadsøya, wurde dann aber zu einer geschützteren Stelle auf das Festland verlegt. Die ca. 6.000 Einwohner leben vom Fischfang und der öffentlichen Verwaltung. Hier in Vadsø fand auch der Pomorhandel statt: Ein Tauschhandel zwischen Russen und Norwegern, bei dem die Kaufleute ein Sprachgemisch verwendeten, das alle verstehen konnten.

Wenn das Postschiff den Varangerfjord gekreuzt hat, haben Sie Ihr

Ziel und den Wendepunkt der Reise erreicht. Vor Ihnen liegt Kirkenes, die letzte norwegische Stadt vor der russischen Grenze. Die Stadt ist nur 10 km vom Grenzfluß Pasvikelva entfernt. Geprägt wurde Kirkenes von der Eisenerzförderung.

Da das Eisenerz aber unter gewaltigen Steinmassen liegt, ist die Rentabilität eher gering. Dank der Grenzöffnung nach Rußland ist Kirkenes jetzt wieder Norwegens Tor nach Osten. In Boris Gleb steht eine

kleine rote Kapelle, sie ist die Kirche der Skoltesamen. Ihr Aufenthalt in Kirkenes reicht, um einen Ausflug zur Grenze zu unternehmen, das Bergwerk bei Bjørnevatn, sowie das samische Kunstmuseum und die Andersgrotta, einen Luftschutzbunker im Stadtzentrum, zu besichtigen.
Achten Sie aber auf die richtige Bekleidung bei ihren Ausflügen, da die Temperaturen im Winter bis zu Minus 40°C und im Sommer bis zu Plus 29°C sein können.

Ihre Reise geht nun wieder zurück, und Sie laufen als nächstes den Hafen von Vardø an. Vardø ist mit einem Unterwassertunnel mit dem Festland und der Hafenanlage sowie dem Flughafen verbunden. Die Lebensgrundlage für die ca. 3.000 Einwohner bildet der Fischfang und die Veredelung. Aufgrund des arktischen Klimas wachsen hier keine Bäume.

Nahe der Stadt liegt der östlichste Punkt Norwegens auf Hornøya, und direkt vor der Tür von Vardø liegt die Barentssee. Båtsfjord, der nächste Hafen auf ihrer Reiseroute liegt relativ geschützt im Fjord. Hier gibt es mehrere Fischveredelungsbetriebe, Kühlhäuser und Werkstätten.
Bei Ihrer Fahrt entlang der Küste von Båtsfjord sollten Sie auf die Streifen in den Felswänden achten. Hier können Sie sehr gut sehen, wie sich unter Wasser Sandstein in ver-

schiedenen Schichten gebildet hat, und dann durch die Erdbewegungen

verschoben wurde. Der nächste Hafen für diesen Abend ist Berlevåg. Hier endet der Ishavveien, die Eismeerstraße. Man sagt, der Name Berlevåg stammt von den zahlreichen Perlmuscheln und hieß früher einmal Perlevåg.

Nachdem die Stadt mehrmals von schweren Wellen zerstört wurde, baute man eine große Mole vor den Hafen. 15 Tonnen schwere Betonkolosse wurden so miteinander verbunden, daß das Wasser hindurchfließen kann, aber die gewaltigen Wellen vom Meer aus der Mole bis heute keinen Schaden mehr zufügen konnten.

Heute verabschieden wir uns von der Finnmark und nehmen Kurs entlang der Westküste nach Hammerfest, der nördlichsten Stadt der Welt. Der Ort ist über eine gewaltige Hängebrücke mit dem Festland verbunden. Doch diese Stadt hatte es nicht immer leicht. 1809 wurde Hammerfest von englischen Truppen beschossen. Ein Großbrand vernichtete 1809 fast die gesamte Stadt, und zu guter letzt zerstörten deutsche Truppen 1944 auf ihrem Rückmarsch

die komplette Kleinstadt. So ungewöhnlich wie die Stadt, ist auch die Finanzierung des Museums.
Kurzerhand wurde in Hammerfest ein Eisbären - Club gegründet. Wenn Sie diesem Club beitreten möchten,

finanzieren Sie über einen einmaligen Beitrag eine Sammlung zum Thema >>Fisch und Fang in nördlichen Gewässern<<. Bisher haben über 130.000 Mitglieder dazu beigetragen, wissenschaftlich interessante Jagdgegenstände zusammenzutragen.
Ein schönes Ziel in Hammerfest ist der Meridian-Stein in Fuglenes, die Kirche von Hammerfest und Salen, ein Aussichtspunkt, der 80 Meter über dem Meer liegt.
Auf Ihrer Fahrt nach Süden liegt im

Westen die viertgrößte Insel Norwegens, Sørøya und im Osten die Insel Seiland. Auf dieser Insel leben im Sommer die Kautokeino-Samen mit ihren Rentier-Herden. Etwas weiter südlich schneidet sich der Altafjord 30 km weit in das Land hinein. Hier in Alta liegt das nördlichste Gebiet der Welt, in dem Korn reift. Das nächste Etappenziel liegt jetzt bereits vor Ihnen, Øksfjord. Dieser Ort bildet

mit seinen ca. 800 Einwohnern das Zentrum der Kommune Loppa. In Øksfjord gibt es eine der selten gewordenen Fabriken in Norwegen, in der Fischhaut zu Leder verarbeitet wird.
Weiter geht es über Lopphavet, eine der sechs Strecken auf offenem Meer, nach Skjervøy. Die kleinen Ortschaften, die Sie unterwegs sehen, werden von Schiffsrouten aus Øksfjord angelaufen. Skjervøy liegt mitten in einer Gebirgswelt, die durch tiefe Fjorde und große Inseln gekennzeichnet ist, und verfügt über einen natürlichen Hafen, der geschützt angelaufen werden kann. Schon immer bildete der Fischfang hier die Lebensgrundlage.
Große Bekanntheit erlangte Skjervøy 1896, als nach drei Jahren Nordpolexpedition das Polarschiff "Fram" mit Nansen hier anlegte.

Sie lassen jetzt das Lopphavet hinter sich und fahren vorbei an Tromso nach Risøyhamn. Mit etwas Glück können Sie von Mai bis Juli den Gipfel des Fjellheisen in Tromsø im Licht der Mitternachtssonne sehen.

Am Ausläufer des Toppsund sehen Sie Elgsnes mit seinen Grabhügeln und Opferstätten und der Kapelle für den "Apostel Grönlands", Hans Egede. Der Kurs führt Sie weiter durch Risøyrenna, einem Kanal zwischen den Inseln Hinnøya und Andøya. Andøya ist schon irgendwie eine eigenartige Insel, außen extrem bergig und in der Mitte befindet sich Flachland. Die Hauptstadt Andenes liegt im Norden auf einer Anhöhe. Eine große Attraktion ist die Walsafari, bei der Sie die Giganten der Meere fast hautnah erleben können.
Über den Ort Risøyhamn läßt sich eigentlich nur sehr wenig sagen, außer daß es 1777 das Handelsprivileg erhielt und heute hier ca. 350 Menschen leben. Also wenden Sie sich dem nächsten Hafen zu, Sortland. Das Wahrzeichen und die Lebensader Sortlans ist die 961 m lange und 30 m

hohe Sortlandbrücke, die die Inseln Hinnøya und Langøya miteinander verbindet. Die Stadt ist der Hauptstützpunkt der norwegischen Küstenwache. Wenn Sie die Vesterålen zum erstenmal besuchen, werden Sie mit Sicherheit über den grünen Landwirtschaftsgürtel zwischen Meer und Gebirge staunen.
Sie nehmen jetzt direkten Kurs auf Stokmarknes. Auf der Nordseite sehen Sie die 1.020 m lange Brücke,

die Langøya und Hadseløya miteinander verbindet. Stokmarknes ist der Heimathafen von Vesteraalens Dampskibsselskap, die 1881 gegründet wurde.
Von 1851 bis 1939 war Stokmarknes das Zentrum des großen Sommermarktes für die Helgelandsküste und die Vesterålen. Das Hurtigrutenmuseum erinnert an Richard With, dem Hurtigrutengründer. Stokmarknes hat ca. 3.500 Einwohner und ist die Kreisstadt der Insel Hadseløya. Weiter geht es Kurs Südost, geradewegs auf die Öffnung zu dem sehr engen und 20 km langen Raftsund zu, der sich seinen Weg zwischen den Felswänden der Vesterålen und der Lofoten bahnt. Und nun kommt er, der Trollfjord. Mit seinen 2 km Länge und an der Mündung nur 100 m Breite liegt der Trollfjord auf der Westseite des Raftsund. Eine Landschaft

wie gemalt. An der Südseite sehen Sie den 1.084 m hohen Trolltindan

und auf der Nordseite den 998 m hohen Blafjell. Selbst im Sommer finden Sie in dem Bergsee Trollfjordvatnet noch Eisklumpen.
Der Trollfjord wurde durch die Trollfjordschlacht im Jahre 1880 bekannt. Zu dieser Zeit standen sich Fischer mit Ruderbooten und denen mit Dampfschiffen gegenüber.
Und die Fischer mit ihren Dampfschiffen haben zur Verärgerung der Ruderbootfischer die beachtlichen Fischvorkommen im Fjord mit ihren

Netzen eingekesselt. Ihr Weg führt jetzt mit viel Gefühl durch den Rest des Raftsund nach Svolvær und vorbei an Skrova, das sich mit seinen ca. 420 Einwohnern durch den Dorschfang, eine Lachszucht und eine meeresbiologische Forschungsstation auszeichnet.

Bevor Sie in Stamsund einlaufen und noch einen kurzen Abendspaziergang machen, sehen Sie im Nordwesten den Vågekallen bei Henningsvær mit seinen 942 m über dem Meer. Er diente nicht nur als Richtmarke für alle Seefahrer, denn bei den Lofotfischern war es Brauch, daß man bei seiner ersten Fahrt vor ihm die Mütze zum Gruß abnahm.

Heute vormittag erwartet Sie das kleine beschauliche Handelsstädtchen Nesna.
Nesna eignet sich besonders als Ausgangspunkt für Ausflüge in entlegenere Regionen, fernab des Tourismus. Nesna liegt direkt am Ranafjord, der sich 70 km bis zur Industriestadt Mo i Rana erstreckt, wo alte Eisenhütten und interessante Berggrotten zu besichtigen sind. Bis nach Sandnessjøen ist es nur ein Katzensprung. Im Westen sehen Sie den Berg Dønnamannen, wie er über sein Insel-

reich wacht. Sandnessjøen, das auf einer Insel liegt, hat durch die kilometerlange Hängebrücke Helgelandsbrua eine ständige Verbindung zum Festland. Südlich von Sandnessjøen liegt die Insel Herøy.
Und etwas weiter nördlich erheben Sie Ihr Haupt zur Bewunderung von "De 7 søstre" (Die Sieben Schwestern). Ich stelle Sie Ihnen jetzt in ihrer ganzen Pracht von Nord nach Süd vor: Botnkrona 1.072 m, Grytfoten 1.066 m, Skjæringen 1.037 m,

Tvillingene 980 m, Kvasstinden 1.010 m, Stortinden 910 m. Die Sage vom Helgelandsfjell gibt Ihnen vielleicht etwas Aufschluß: Der Vågekallen saß auf den Lofoten nahe Henningvær und sehnte sich nach einer Frau. Er hatte einfach kein Glück bei den Frauen der Küste, selbst die Lekamøya nannte ihn einen Idioten. Aber eines Nachts kamen die sieben Schwestern. Sie hatten sich davongeschlichen, um am Fjord nackt zu baden und zu tanzen. Lekamøya war

gerade fort, um in Tjøtta Fladenbrott zu backen. Das war zu viel, der Vågekallen stieg auf sein Pferd und ritt im wilden Galopp nach Süden. Vom Vagekallen verfolgt, flohen die sieben Schwestern. Lekamøya hörte den Lärm bis nach Tjøtta, sie warf Spieß, Teigrolle und Backbrett hin und lief zurück nach Leka. Da erwachte der Hestmann. Er schoß einen Pfeil nach Süden, aber der Skarvågsgubbe sah dies und warf seinen Hut dazwischen. Der Pfeil ging mittendurch und lande-

te im Meer. Alle vergaßen darüber den Sonnenaufgang: Als die Sonne aufging, wurden sie zu Stein. Und so sitzen sie noch heute da:
Der Vågekallen auf den Lofoten, der Hestmannen zu Pferde, die sieben Schwestern auf Alsten. Backbrett, Teigrolle und Spieß als Bausteine auf Tjøtta, der durchlöcherte Hut des Skarvågsgubben ist der Torghatten und Lekamøya ist auf Leka erstarrt. Sie werden sie auf Ihrer Reise alle wieder finden, schauen Sie nur genau

hin. An der Südspitze Alstens sehen Sie die Kirche von Alsthaug und auf dem alten Kirchhof steht die nördlichste Eiche Norwegens, sie ist 4 m hoch. Etwas weiter südlich liegt Tjøtta. Hier steht die Kirche von Tjøtta auf einem Gebiet aus der Saga-Geschichte sowie der Ur- und Frühgeschichte. Vor der Kirche finden Sie auch das Backgerät von Lekamøya aus der Helgeland-Sage.
Sie nähern sich jetzt Brønnøysund. Brønnøysund ist das norwegische Flensburg der Autofahrer. Hier ist nicht nur die Sünderkartei zu Hause, auch das nationale Fahrzeugregister hat hier seinen Sitz. Von hier aus führt eine 550 m lange Brücke direkt über den Brønnøysund auf eine Straße am Fuße des Torghatten. Das Loch im Torghatten ist 160 m lang, 25 bis 30 m hoch und 12 bis 15 m breit. Die Wissenschaft sagt, daß der Berg

an einem schwachen Punkt vom Meer ausgehöhlt wurde, als das Land noch gut 100 m tiefer lag. Sie wissen jetzt natürlich, daß es der Pfeil des Hestmannen war, der den Hut durchbohrte.

Sie befinden sich jetzt im geographischen Mittelpunkt Norwegens, und weit draußen im Meer leuchtet westlich der Leuchtturm von Sklinna, umgeben von Vogelfelsen und riesigen Fischgründen. Die aus der Saga bekannte Insel Leka liegt ebenfalls im Westen. Ihre roten Felsen sind 500 Millionen Jahre alt. Die Insel entstand, als damals die Kontinente zusammenstießen und der Meeresboden nach oben gedrückt wurde. 1932 wurde die dreijährige Svanhild hier von einem Adler gepackt und in einen 300 m hoch liegenden Horst geflogen. Sie entkam und lebt heute in Rorvik. Während Sie jetzt zum Essen gehen, passieren Sie Rørvik.

Sie fahren über den majestätischen Trondheimfjord auf den Leuchtturm von Agdenes zu. Die Fahrrinne nach Süden heißt Trondheimsleia. Westlich davon liegen die Inseln Hitra und weiter draußen Frøya. Auf Hitra, mit seinen ca. 4.300 Einwohnern, dreht sich alles um Hirsche und Fisch. Der Hitra-Lachs, ist eine Delikatesse in der ganzen Welt. Die Jagdquote für die wohl dichteste Hirschpopulation Europas ist hoch, ca. 300 Exemplare pro Jahr. Von weitem erkennen Sie

schon Tustna, das auf dem Festland umgeben von Bergen liegt. Grip hingegen ist umgeben von Holmen und Schären. Grip war einmal die kleinste Gemeinde mit nur 135 Einwohnern, heute ist es unbewohnt. Die Häuser dieses Idylls werden von Feriengästen gehegt und gepflegt.

Kristiansund, verteilt sich über drei Inseln, die durch Brücken miteinander verbunden sind.

Doch die »Taxis« der Stadt sind Sundboote, die Sie auf dem kürzesten Weg von A nach B bringen. Seit der Gründung im Jahre 1742 lebten die Einwohner bis vor wenigen Jahren von der Fischerei. Heute ist der größte Haupterwerbszweig der Schiffsbau.

Seit 1992 ist die Stadt durch einen 5,2 km langen Tunnel und zwei Brücken mit dem Festland verbunden.

Zum späten Abend und zur Nacht

passieren Sie noch einmal Molde, Ålesund und Torvik. Morgen, an Ihrem letzten Tag an Bord, sollten sie früh aufstehen, nicht nur für Måløy, sondern für den Nordfjord.

Heute früh erleben Sie die Fahrt durch den Nordfjord. Der Fjord dringt im Osten 90 km weit in das Land hinein und bietet Ihnen Bilder von einmaliger Schönheit.
Im Gegensatz zu Fjordufern im Binnenland, wo Sie eine üppige Vegetation erwartet, genießen Sie hier eine rauhe Küstenlandschaft mit zum Teil heftigen Winden und tosenden Stromschnellen. Im Süden öffnet sich der Frøysjøen und im Osten, am Gulenfjord, liegt die Industriestadt

Svelgen. Nun nähern Sie sich langsam, an der äußersten Spitze des Festlandes liegend, Florø.
In der Hafenstadt Florø ist das Boot für die ca. 10.000 Einwohner wichtiger als das Auto. In den letzten Jahren avancierte Florø zum Versorgungsstandort für die Bohrinseln in der Nordsee.
Wenn Sie Florø verlassen, können Sie im Westen die Insel Kinn sehen. Hier finden jedes Jahr die historischen Festspiele "Kinnaspelet" statt. Vorbei

an der Insel Svanøy, die östlich der Fahrtstrecke liegt, kommen Sie nach

Alden. Weiter südlich befahren Sie den Steinsund entlang der Inselgruppe Solund und Sula, die direkt vor der Mündung des Sognefjord liegt. Der Sognefjord ist gut 200 km lang und mißt an seiner tiefsten Stelle 1.308 m.
Direkt am Fensfjord liegt Mongstad, das Sie passieren, wenn Ihr Kurs Sie nach Askøy bringt. Askøy ist über die Askøy-Brücke an der Südspitze mit Bergen verbunden.
Jetzt wird es langsam Zeit, Abschied zu nehmen, denn vor Ihnen liegt die Stadt zwischen den sieben Bergen, Ihrem Ausgangspunkt der jetzt hier endenden Reise, Bergen.

Die Samen (Lappen) leben verstreut in Rußland, Nordnorwegen sowie im norwegischen Binnenland und im finnischen und schwedischen Lappland. Doch der Großteil der Samen lebt in Norwegen, ca. 35.000 bis 55.000. Die meisten der norwegischen Samen leben und arbeiten wie viele Norweger. Nur ein kleiner Teil lebt von der Rentierzucht, deren Bestand sich auf ca. 215.000 Tiere beläuft. Innerhalb der Samenvölker gibt es drei verschiedene Sprachgruppen. In der Finnmark und einem Teil des Nordlands leben die Nordsamen, südlich von Narvik und im Bereich des Tysfjords die Lulesamen. Die Südsamen leben im Grenzgebiet zwischen Norwegen und Schweden, das sich von Norden durch das Saltfjellet bis in den Süden zum Femundsee erstreckt. Doch alle drei Sprachgruppen verfügen über eine eigene Sprache.

Die norwegische Küste ist bei den Seevögeln bekannt für ihren Reichtum an Nahrung. Doch dies war nicht immer so. Denn in den 60er Jahren ging aufgrund der sehr starken Heringsfischerei der Bestand an laichenden Heringen zurück. In den folgenden 20 Jahren erlitt die norwegische Küste ernsthafte Einbußen an junger Heringsbrut. Heute haben sich die Nahrungsbedingungen ein wenig verbessert, aber die betroffenen Vogelbestände haben sich nicht mehr erholt. Aber nicht nur das Ausbeuten der Meere führt zu der Bestandreduzierung, die ständig zunehmende Ölverschmutzung und die Fischernetze, in denen die Vögel sich verfangen und anschließend ertrinken, tun ihr übriges dazu. Entlang der Reisestrecke gibt es über 200.000 Seevögel, und an einigen Vogelfelsen fahren Sie beinahe direkt daran vorbei.

Norwegen, das Land des Lichts. Seit ewigen Zeiten ist Norwegen für seine Mitternachtssonne bekannt. Aber Nordnorwegen kennt auch die Dunkelheit. Nördlich des Polarkreises scheint die Sonne in den Sommermonaten wochenlang ununterbrochen. Je weiter Sie nach Norden kommen, desto größer ist die Anzahl der Nächte, in denen die Sonne nicht untergeht. Aber für einen gleich langen Zeitraum ist es im Winter rund um den kürzesten Tag des Jahres, den 21.12., ganz ohne Sonnenaufgang und -untergang. Ab dem 21. März geht es dann wieder aufwärts.

Orte und Termine

Bodø	4.6.	-	8.7.
Lofoten	28.5.	-	5.7.
Narvik	25.5.	-	18.7.
Nordkap	12.5.	-	31.7.
Tromsø	20.5.	-	22.7.

Das Nordkap-Plateau liegt 307 Meter über dem Meer und ist heute bequem mit dem Bus erreichbar. Früher hätten Sie 1.008 Treppen überwinden müssen, um auf das 2.080 km vom Nordpol entfernte Plateau zu gelangen. Der englische Seefahrer Richard Chancellor gab 1553 dem Nordkap seinen Namen, als er nördlich von Sibirien die Nord-Ost-Passage nach Indien suchte. 1990 wurde die umstrittene Nordkap-Halle eröffnet, die in den Felsen gebaut wurde. Hinter riesigen Glasscheiben können Sie

hier, vom Wetter unabhängig, den Ausblick genießen, oder das Supervideo mit einer 225-Grad-Projektion erleben. Und wenn Sie das Besondere lieben, können Sie auch in einer ökumenischen Kapelle den Bund fürs Leben schließen.

Das wohl atemberaubendste Naturschauspiel der Polarregion ist das Nordlicht, Aurora Borealis.
In den Winternächten ist dieses Farbenspiel, das am häufigsten um den Polarkreis auftritt, am eindrucksvollsten. Die Farbpalette des Lichtes reicht von grün über grüngelb bis hin zu rotviolett. Mit unvorstellbarer Geschwindigkeit entstehen Gebilde am Himmel, die genauso so schnell wieder verschwinden oder sich bewegen.

Es ist ein unsichtbarer Ring, der den südlichsten Punkt und damit die Grenze zum Land der Mitternachts-sonne markiert. Sie werden auf Ihrer Reise nach Norden in westlicher Richtung auf der Insel Vikingen einen Globus sehen.

Dieser markiert den südlichsten Punkt an dem die Mitternachtssonne 24 Stunden lang scheint, 66° 33" Nord.

Reiseverlauf (Häfen)

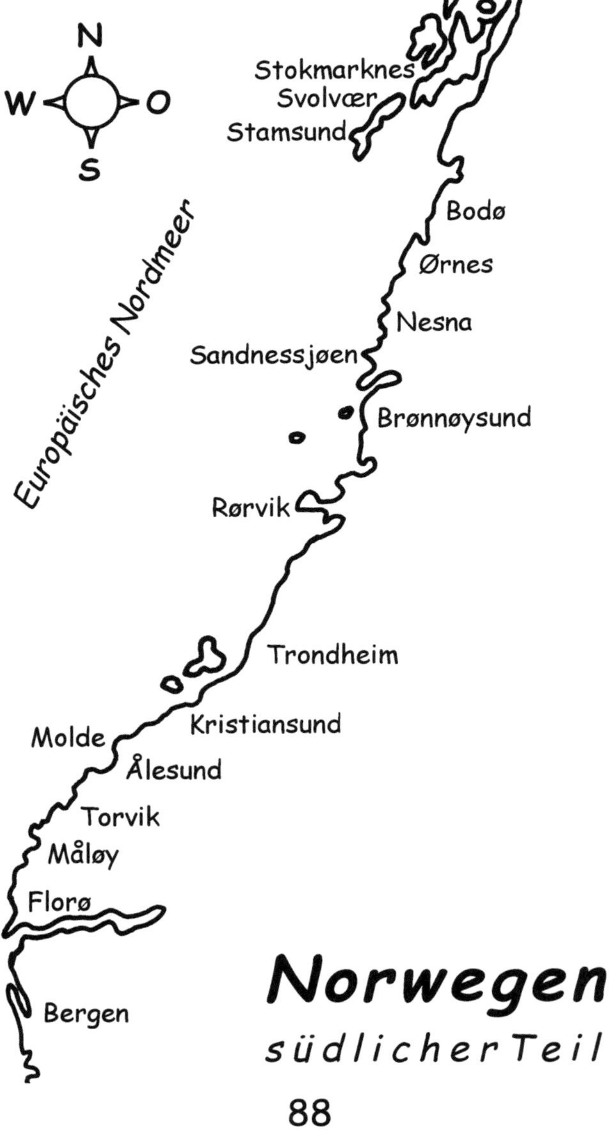

Reiseverlauf (Häfen)

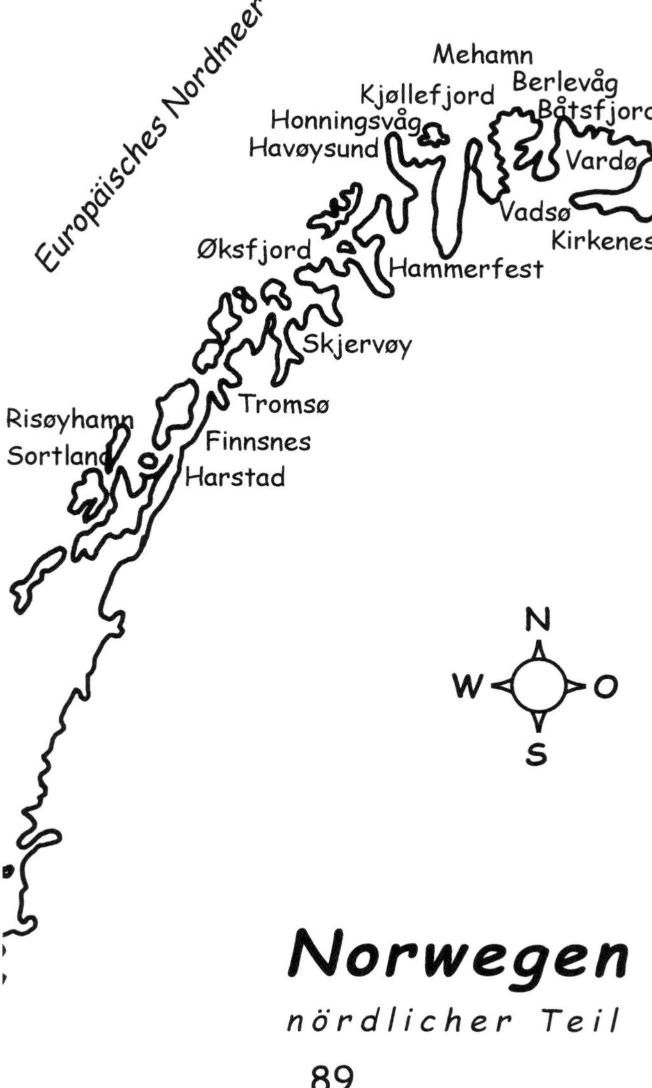

Norwegen

nördlicher Teil

Durchschnittstemperaturen in °C

Monat	Tag	Nacht
Januar	3,5	-0,5
Februar	3,5	-0,9
März	6,0	0,5
April	9,2	3,2
Mai	14,3	6,8
Juni	16,6	9,6
Juli	19,2	12,3
August	18,5	12,0
September	15,1	9,5
Oktober	10,9	6,1
November	7,5	3,5
Dezember	5,1	1,4

Das Wetter an der norwegischen Küste ist sehr wechselhaft. Hier regnet es sehr oft und dann auch sehr gern. Wenn auch die Durchschnittstemperaturen recht niedrig sind, besteht immer noch die Möglichkeit, daß in einigen Fjorden manchmal südliche Temperaturen erreicht werden.